¿Qué está despierto?

El murciélago

Patricia Whitehouse

Traducción de Patricia Cano

Heinemann Library

Chicago, Illinois

Customer Service 888-454-2279
Visit our website at www.heinemannlibrary.com

Designed by Sue Emerson, Heinemann Library
Printed and bound in the United States by Lake Book Manufacturing, Inc.

07 06 05 04 03
10 9 8 7 6 5 4 3 2 1

Library of Congress Cataloging-in-Publication Data
Whitehouse, Patricia, 1958-
　　[Bats. Spanish]
　　El murciélago / Patricia Whitehouse.
　　　　p. cm. — (¿Qué está despierto?)
Summary: Describes the physical characteristics, behavior, and habitat of bats.
　　ISBN 1-40340-393-7 (HC), 1-40340-634-0 (Pbk)
　　1. Bats—Juvenile literature. [1. Bats. Spanish language materials] I. Title.
　　QL737.C5 W45518 2002
　　599.4—dc21
　　　　　　　　　　　　　　2001059606

Acknowledgments
The author and publishers are grateful to the following for permission to reproduce copyright material:
p. 4 Steve Strickland/Visuals Unlimited; pp. 5, 19, 22 B. G. Thompson/Photo Researchers, Inc.; pp. 6, 11, 12 Joe McDonald/ Visuals Unlimited; p. 7 E. R. Gegginger/Animals Animals; p. 8 Photo Researchers, Inc.; p. 9 Roger Rageot-David Liebman; p. 10 Richard Thom/Visuals Unlimited; pp. 13, 14, 15, 16, 17, 21 Merlin D. Tuttle, Bat Conservation International/Photo Researchers, Inc.; p. 18 Stephen Dalton/Photo Researchers, Inc.; p. 20 Richard C. Johnson/Visuals Unlimited

Cover photograph by Photo Researchers, Inc.

Every effort has been made to contact copyright holders of any material reproduced in this book.
Any omissions will be rectified in subsequent printings if notice is given to the publisher.

Special thanks to our bilingual advisory panel for their help in the preparation of this book:
Aurora García
Literacy Specialist
Northside Independent School District
San Antonio, TX

Argentina Palacios
Docent
Bronx Zoo
New York, NY

Leah Radinsky
Bilingual Teacher
Interamerican School
Chicago, IL

Ursula Sexton
Researcher, WestEd
San Ramon, CA

The publisher would also like to thank Dr. Dennis Radabaugh, Professor of Zoology at Ohio Wesleyan University in Delaware, Ohio, for his help in reviewing the contents in this book.

Unas palabras están en negrita, **así.**
Las encontrarás en el glosario en fotos de la página 23.

Contenido

¿Qué está despierto?. 4

¿Qué es el murciélago? 6

¿Cómo es el murciélago? 8

¿Dónde vive el murciélago?. 10

¿Qué hace el murciélago
    de noche? 12

¿Qué come el murciélago?. 14

¿Qué sonido hace el murciélago? . . . 16

¿Qué tiene de especial
    el murciélago? 18

¿Dónde pasa el día el murciélago? . 20

Mapa del murciélago 22

Glosario en fotos. 23

Nota a padres y maestros. 24

Índice 24

¿Qué está despierto?

Mientras tú duermes, hay unos animales despiertos.

Los animales que están despiertos de noche son animales **nocturnos**.

El murciélago está despierto
de noche.

¿Qué es el murciélago?

El murciélago vuela, pero no es un ave.

El murciélago es un **mamífero**.

cría

Los mamíferos tienen **pelaje**.

Los mamíferos producen leche
para las crías.

¿Cómo es el murciélago?

pelaje ala

El cuerpo del murciélago está cubierto de **pelaje**.

Tiene dos alas cubiertas de piel.

Unos murciélagos son tan pequeños como tu mano.

Otros tienen las alas tan grandes como los brazos de un adulto.

¿Dónde vive el murciélago?

Los murciélagos viven en grupos llamados **colonias**.

En el campo, viven en cuevas
y en árboles.

En las ciudades, viven debajo
de **techos** o de puentes.

¿Qué hace el murciélago de noche?

El murciélago se despierta poco antes de oscurecer.

Se mueve y vuela un poco.

Se va volando a buscar comida.

El murciélago puede comer toda la noche.

¿Qué come el murciélago?

El murciélago come polillas.

También come otros insectos.

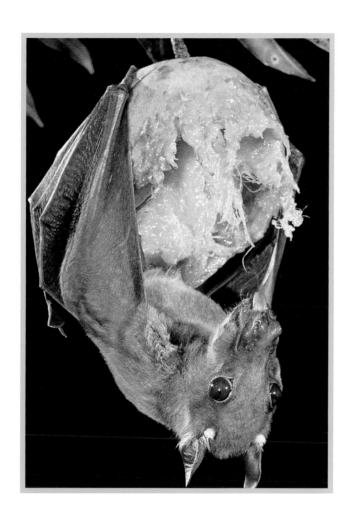

Muchos murciélagos comen frutas.

Este murciélago está comiendo
un melón.

¿Qué sonido hace el murciélago?

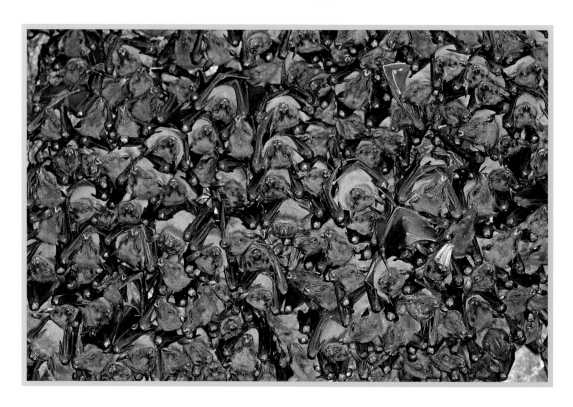

El murciélago hace dos clases de sonidos.

Un sonido es un chirrido.

El otro sonido le ayuda a buscar alimento.

Los científicos necesitan máquinas para oír este sonido.

¿Qué tiene de especial el murciélago?

El murciélago hace un sonido especial para buscar insectos.

El sonido rebota en los insectos y así el murciélago sabe dónde están.

El murciélago se cuelga patas arriba
para dormir.

¿Dónde pasa el día el murciélago?

Por la mañana, el murciélago regresa a su vivienda.

Cuida a las crías.

Después se duerme.

Mapa del murciélago

alas

pelaje

Glosario en fotos

 **colonias**
página 10

 **nocturno**
página 4

 **pelaje**
páginas 7, 8

 **techo**
página 11

 **mamífero**
páginas 6, 7

Nota a padres y maestros

Leer para buscar información es un aspecto importante del desarrollo de la lectoescritura. El aprendizaje empieza con una pregunta. Si usted alienta a los niños a hacerse preguntas sobre el mundo que los rodea, los ayudará a verse como investigadores. En este libro, se identifica el animal como un mamífero. Por definición, los mamíferos tienen pelo o pelaje y producen leche para alimentar a sus crías. El símbolo de mamífero en el glosario en fotos es una perra amamantando sus cachorros. Comente que, fuera del perro, hay muchos otros mamíferos, entre ellos el ser humano.

PRECAUCIÓN: Recuérdeles a los niños que no deben tocar animales silvestres. Los niños deben lavarse las manos con agua y jabón después de tocar cualquier animal.

Índice

alas 8, 9

alimento. . . . 13, 14–15, 17

árboles 11

colonias 10

crías 7, 21

cuevas 11

día 20–21

dormir 4, 19, 21

frutas. 15

insectos 14, 18

leche 7

mamífero. 6–7

noche 4–5, 12–13

pelaje. 7, 8

polillas 14

puentes. 11

sonido. 16–17, 18

tamaño 9

techos. 11

viviendas. 10–11